училище - ụlọ akwụkwọ	2
пътуване - njem	5
транспорт - njem	8
град - obodo	10
пейзаж - odida obodo	14
ресторант - ụlọ oriri na ọṇụnụ	17
супермаркет - ụlọ ahịa	20
напитки - ihe ọṇụnụ	22
ядене - nri	23
селски двор - ugbo	27
къща - ụlọ	31
всекидневна - ime ụlọ ezumike	33
кухня - usekwu	35
баня - ụlọ ịsa ahụ	38
детска стая - ụlọ nwa	42
облекло - uwe	44
офис - ụlọ ọrụ	49
икономика - akụnụba	51
професии - aka ọrụ	53
инструменти - ngwaọrụ	56
музикални инструменти - ngwa egwu	57
зоологическа градина - zuu	59
спорт - egwuregwu	62
дейности - ihe omume	63
семейство - ezinụlọ	67
тяло - ahụ	68
болница - ụlọ ọgwụ	72
спешен случай - mberede	76
Земя - Ụwa	77
часовник - elekere	79
седмица - izu	80
година - afọ	81
форми - ụdị	83
цветове - na agba	84
противоположности - mmegide	85
числа - nọmba	88
езици - asụsụ	90
кой / какво / как - onye / ihe / olee	91
къде - ebee	92

Impressum
Verlag: BABADADA GmbH, Nedderfeld 112 , 22529 Hamburg
Geschäftsführer / Verlagsleitung: Harald Hof
Druck: Books on Demand GmbH, In de Tarpen 42, 22848 Norderstedt

Imprint
Publisher: BABADADA GmbH, Nedderfeld 112 , 22529 Hamburg, Germany
Managing Director / Publishing direction: Harald Hof
Print: Books on Demand GmbH, In de Tarpen 42, 22848 Norderstedt, Germany

училище
ụlọ akwụkwọ

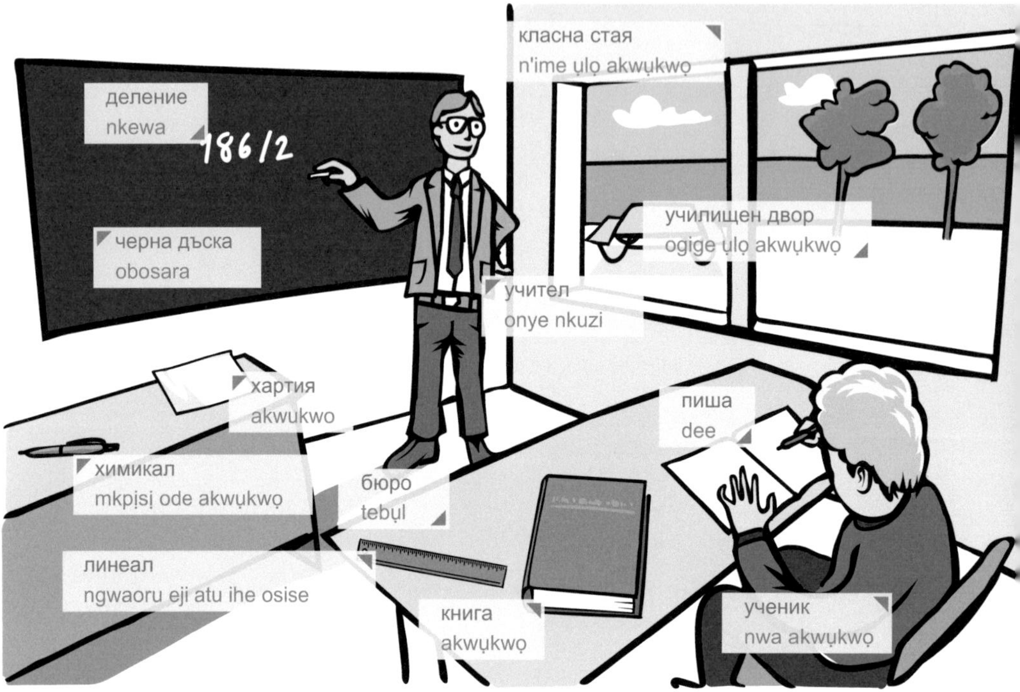

деление — nkewa

черна дъска — obosara

класна стая — n'ime ụlọ akwụkwọ

училищен двор — ogige ụlọ akwụkwọ

учител — onye nkuzi

хартия — akwukwo

пиша — dee

химикал — mkpịsị ode akwụkwọ

бюро — tebụl

линеал — ngwaoru eji atu ihe osise

книга — akwụkwọ

ученик — nwa akwụkwọ

ученическа раница
akpa

ученически несесер
akpa pensụl

молив
pensụl

острилка за моливи
nkọ pensụl

гума
rọba

блок за рисуване
obosara ihe osise

рисунка
ihe osise

четка
ahihia agba

акварелни бои
igbe agba

ножица
mkpa

лепило
mmapa

тетрадка за упражнения
akwukwo mmega

домашна работа
oru omume ulo

число
nomba

събиране
tinye

изваждане
wepu

умножение
ba uba

смятане
gbakoo

буква
ozi

азбука
abiichii

дума
okwu

училище - ụlọ akwụkwọ

 текст ederede	 чета gụọ	 тебешир nzu
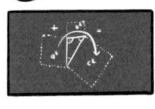 час ihe mmụta	 дневник на класа deba aha	 изпит ule
 свидетелство asambodo	 ученическа униформа uwe ụlọ akwụkwọ	образование agumakwukwo
 справочник akwụkwọ nkà ihe ọmụma	 университет mahadum	микроскоп mikroskopu
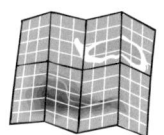 карта maapụ	 кошче за хартиени отпадъци nkata-ahihia	

4   училище - ụlọ akwụkwọ

пътуване

njem

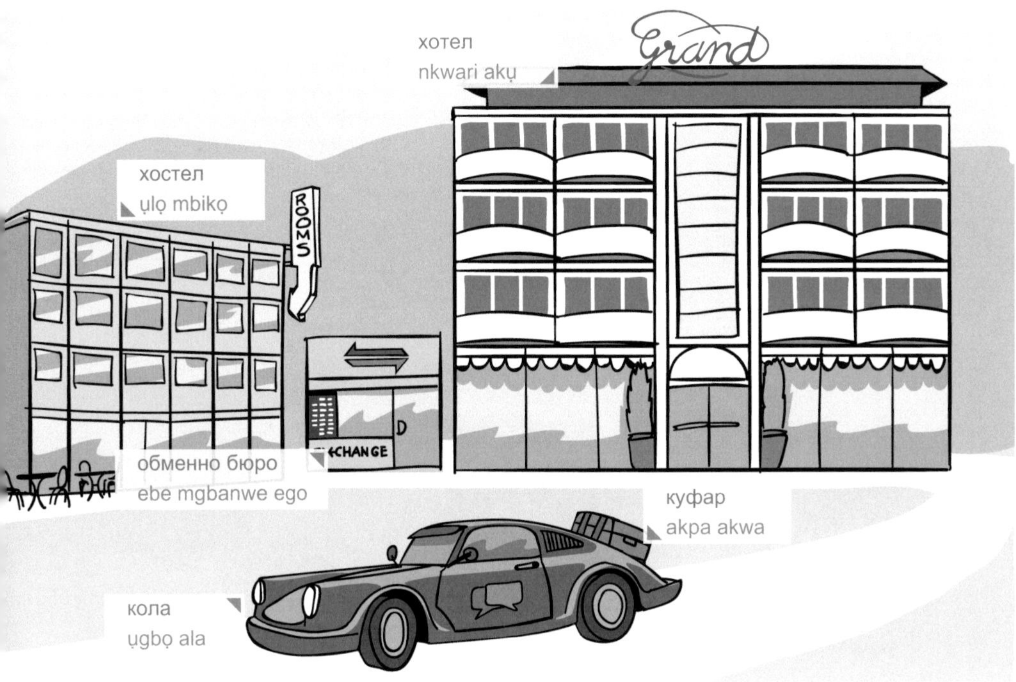

хотел
nkwari akụ
Grand
хостел
ụlọ mbikọ
ROOMS
EXCHANGE
обменно бюро
ebe mgbanwe ego
куфар
akpa akwa
кола
ụgbọ ala

език

asụsụ

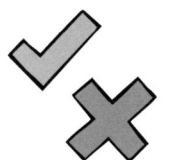

да / не

ee / mba

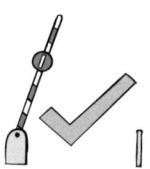

Окей

Ọdịkwa mma

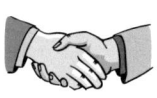

здравей

nnọọ

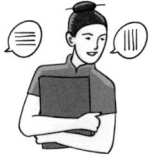

преводач

onye ntughari

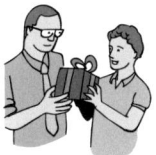

Благодаря

Daalụ

Колко струва…?
ego ole bụ…?

Не разбирам
Aghọtaghị m

проблем
nsogbu

Добър вечер!
Mgbede ọma!

Добро утро!
Ụtụtụ ọma!

Лека нощ!
Ka chifoo!

довиждане
ka ọ dị

посока
ntụziaka

багаж
ibu

пътна чанта
akpa

раница
akpa azu

посетител
ọbịa

стая
ime ụlọ

спален чувал
akpa ụra

палатка
ụlọikwuu

пътуване - njem

туристическа информация
ozi njem nleta

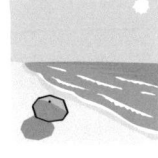
плаж
osimiri

кредитна карта
kaadị akwụmụgwọ

закуска
nri ụtụtụ

обед
nri ehihie

вечеря
nri abalị

билет
tiketi

асансьор
mbuli

пощенска марка
stampụ

граница
ókè

митница
ndị kostọm

посолство
ụlọ ọrụ nnọchite anya obodo

виза
visa

паспорт
paspọtụ

транспорт
njem

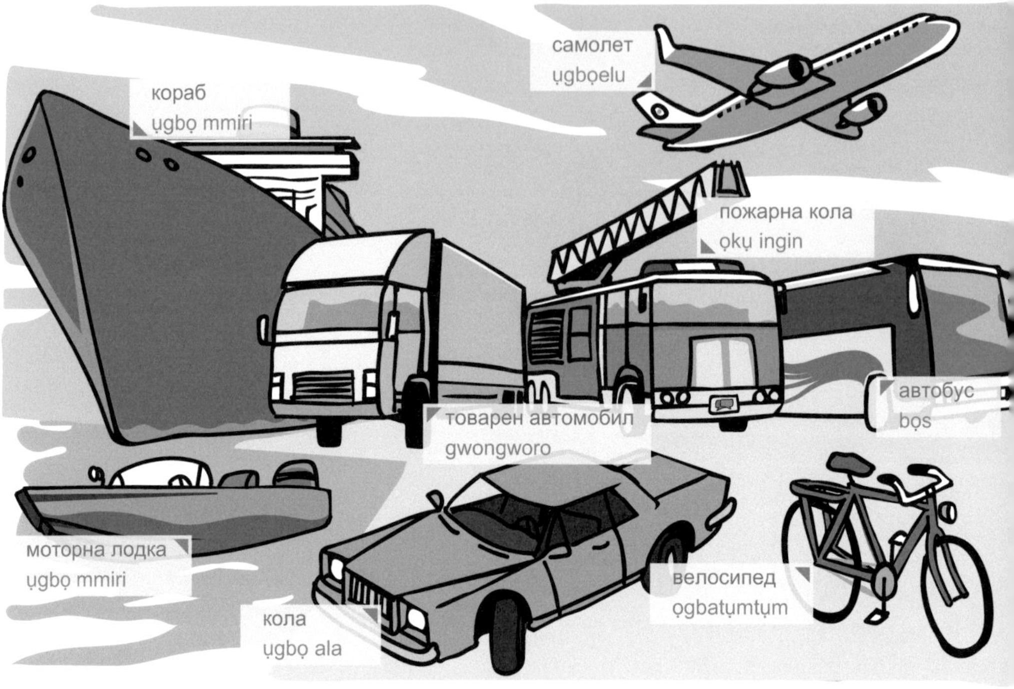

самолет
ụgbọelu

кораб
ụgbọ mmiri

пожарна кола
ọkụ ingin

автобус
bọs

товарен автомобил
gwongworo

моторна лодка
ụgbọ mmiri

велосипед
ọgbatụmtụm

кола
ụgbọ ala

феribот
ugbo

лодка
ụgbọ mmiri

мотоциклет
ọgba tum tum

полицейска кола
ụgbọ ala uwe ojii

състезателна кола
ụgbọ ala na-agba ọsọ

кола под наем
ụgbọ ala mgbazinye

каршеринг

nkekọrita ụgbọ ala

автомобил от "Пътна помощ"

gwongworo

сметовоз

ụgbọala ntufu ahihia

двигател

moto

бензин

mmanụ ụgbọala

бензиностанция

ebe ana ere mmanu

пътен знак

akara okporo ụzọ

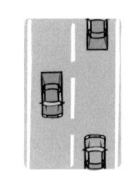

улично движение

okporo ụzọ

задръстване

mkpọchị okporo ụzọ

паркинг

odu ụgbọ ala

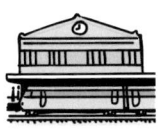

гара

ọdụ ụgbọ oloko

релси

ụzọ

влак

ụgbọ oloko

трамвай

ụgbọ oloko

вагон

ajujụ

транспорт - njem

хеликоптер
helikopta

аерогара
ọdụ ụgbọ elu

кула
ụlọ elu

пасажер
onye njem

контейнер
akpa

кашон
katọn

ръчна количка
ụgbọ ibu

кошница
nkata

излитам / приземявам се
gbapụ / ala

град
obodo

село
obodo

градски център
etiti obodo

къща
ụlọ

кино
sinima

реклама
mgbasa ozi ahia

уличен фенер
oku okporo ụzọ

улица
n'okporo ámá

такси
tagzi

павилион
ụlọ ahịa nri otita

пешеходец
onye ji ukwu aga

тротоар
okporo ụzọ

пешеходна пътека
zebra na-agafe

голяма кофа за смет
efere mkpofu ahịhịa

кръстовище
na-agafe

светофар
ọkụ ụzọ trafik

хижа
obi

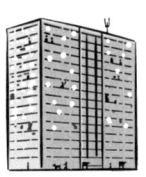

жилище
ohiha

гара
ọdụ ụgbọ oloko

кметство
nnukwu ọnụ ụlọ obodo

музей
ihe ngosi nka

училище
ụlọ akwụkwọ

град - obodo

университет

mahadum

банка

ụlọ akụ

болница

ụlọ ọgwụ

хотел

nkwari akụ

аптека

ahịa ọgwụ

офис

ụlọ ọrụ

книжарница

ụlọ ahịa akwụkwọ

магазин за цветя

ụlọ ahịa

магазин за цветя

onye ore fulawa

супермаркет

ụlọ ahịa

пазар

ahịa

универсален магазин

ngalaba ụlọ ahịa

търговец на риба

onye azu

търговски център

ụlọ ahịa

пристанище

ọdụ ụgbọ mmiri

град - obodo

парк

ogige

пейка

oche

мост

akwa ngafe

стълба

steepụ

метро

n'okpuruala

тунел

ọwara

автобусна спирка

ebe bọs na-akwụsị

бар

ụlọ mmanya

ресторант

ụlọ oriri na ọnụnụ

пощенска кутия

igbe akwụkwọ ozi

улична табелка

akara okporo ụzọ

часовник за паркинг престой

igwe nnara ego ndọba ụgbọala

зоологическа градина

zuu

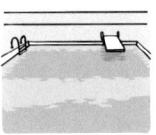

плувен басейн

ebe igwu mmiri

джамия

ụlọ alakụba

град - obodo

селски двор
ugbo

замърсяване на околната среда
mmeto

гробище
ili

църква
ụlọ ụka

детска площадка
ama egwuregwu

храм
ụlọnsọ

пейзаж
odida obodo

- листо — akwụkwọ nri
- пътепоказател — akara
- път — ụzọ
- ливада — ahịhịa
- камък — nkume
- дърво — osisi
- пътешественик — onye njem
- река — osimiri
- трева — ahịhịa
- цвете — ifuru

долина
ndagwurugwu

планина
ugwu

море
ọdọ mmiri

гора
ọhia

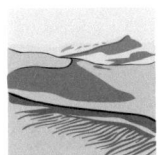
пустиня
ọzara

вулкан
ugwu mgbawa

замък
nnukwu ụlọ

дъга
eke mmiri

гъба
ero

палма
nkwụ

комар
anwụnta

муха
ofufe

мравка
agbeshi

пчела
añụ

паяк
ududo

пейзаж - odida obodo

бръмбар

ahụhụ

жаба

awọ

катеричка

osa

таралеж

oke ọhịa

заек

oke oyibo

кукумявка

ikwiikwii

птица

nnụnụ

лебед

Agbanye

диво прасе

ezi ọhịa

елен

mgbada

лос

anụ ọhịa

бент

ihe mgbochi mmiri

вятърна турбина

ikuku igwe

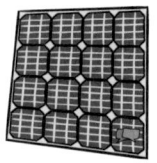

соларен модул

igwe anwụ

климат

ihu igwe

пейзаж - odida obodo

ресторант
ụlọ oriri na ọnụnụ

келнер
onye na-ebu nri

меню
ndeputa nri

стол
oche

супа
ofe

пица
pizza

прибори за хранене
ngaji na nma

покривка за маса
ákwà tebụl

предястие
mbido

основно ястие
isi nri

десерт
mmeju nri

напитки
ihe ọnụnụ

ядене
nri

бутилка
karama

ресторант - ụlọ oriri na ọnụnụ

бързо хранене
nri ngwa ngwa

улична храна
nri n'okporo ámá

кана за чай
ketulu tii

кутия за захар
nnukwu efere shuga

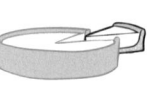
порция
òkè

еспресо машина
igwe kofi

висок детски стол
oche dị elu

сметка
ụgwọ

табла
efere obosara

ножица за нокти
nma

вилица
ndụdụ

лъжица
ngaji

чаена лъжичка
ngaji tii

салфетка
akwụkwọ oche

стъклена чаша
iko

18   ресторант - ụlọ oriri na ọnụnụ

чиния
efere

чиния за супа
efere ofe

чинийка
efere ihendori

сос
ihendori

солница
ite nnu

мелничка за черен пипер
igwe ose

оцет
mmanya gbara ụka

олио
mmanụ

подправки
ngwa nri

кетчуп
ihe ndori

горчица
mọstad

майонеза
mayonezi

ресторант - ụlọ oriri na ọṅụṅụ

супермаркет
ụlọ ahịa

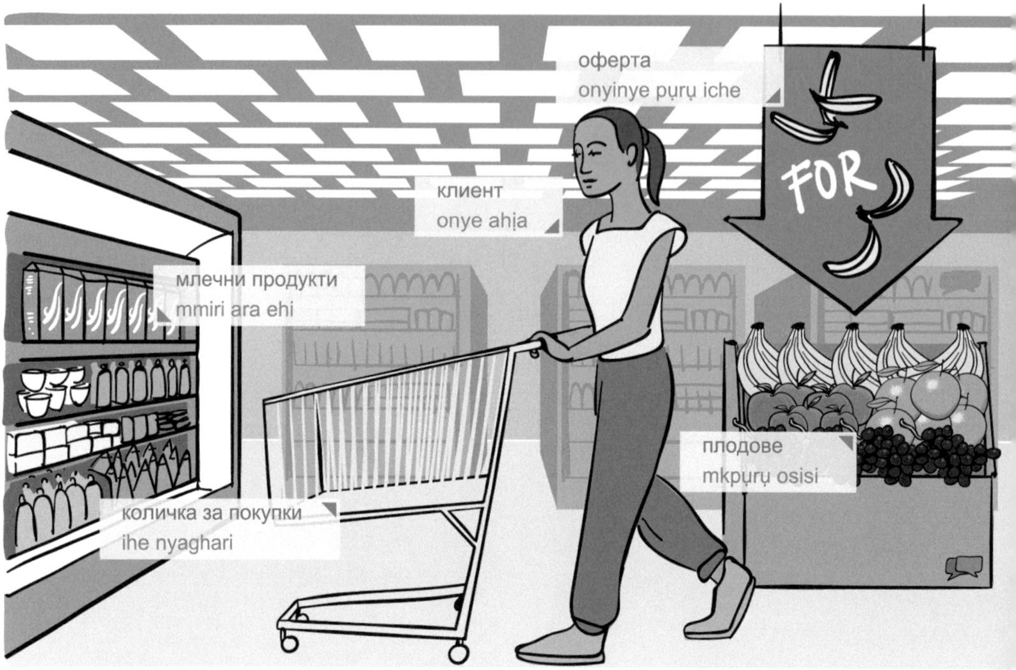

оферта
onyinye pụrụ iche

клиент
onye ahịa

млечни продукти
mmiri ara ehi

плодове
mkpụrụ osisi

количка за покупки
ihe nyaghari

кланица

igbu anụ

хлебарница

onye ome achịcha

тегля

tụọ

зеленчуци

akwụkwọ nri

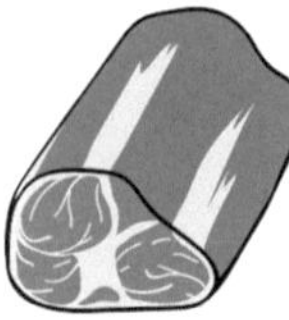

месо

anụ

дълбоко замразена храна

nri oyi kpọnwụrụ

20 супермаркет - ụlọ ahịa

нарязан колбас или сирене
anụ oyi

консерви
nri komkom

перилен препарат
ntụ ọsịsa

лакомства
ihe ụtọ

домакински изделия
ngwaahịa ụlọ

почистващи препарати
ngwaahịa nhicha

продавачка
onye n'ere ahịa

каса
rue

касиер
onye okwu ugwo

списък на покупките
ndepụta izụ ahịa

работно време
awa mmepe

портфейл
obere akpa

кредитна карта
kaadị akwụmụgwọ

чанта
akpa

пластмасова торба
akpa rọba

супермаркет - ụlọ ahịa

напитки
ihe ọnụnụ

вода

mmiri

сок

ihe ọnụọnụ

мляко

mmiri ara

кола

mmanya otobiri kooku

вино

mmanya

бира

biya

алкохол

mmanya na egbu egbu

какао

koko

чай

tii

кафе машина

kọfị

еспресо

kofi

капучино

cappuccino

напитки - ihe ọnụnụ

ядене
nri

банан
unere

ябълка
apụl

портокал
oroma

пъпеш
egwusi

лимон
oroma nkịrịsị

морков
karọt

чесън
galiki

бамбук
achara

лук
yabasị

гъба
ero

ядки
akụ

макарони
nri eriri

ядене - nri

спагети	ориз	салата
spaghetti	osikapa	nri ahihia

пържени картофи	печени картофи	пица
ibe	nduku eghere eghe	pizza

хамбургер	сандвич	шницел
achịcha	sanwichi	anụ

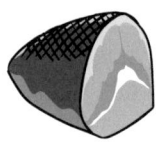

шунка	траен колбас	салам
apata ụkwụ ezi	salami	sọseeji

пиле	печено	риба
ọkụkọ	ihunuoku	azụ

ядене - nri

овесени ядки
nri ọka

мюсли
nri ututu

корнфлейкс
ọka

брашно
ntụ ọka

кроасан
achicha

хлебчета
mpiakọta achicha

хляб
achicha

препечена филийка
tost

бисквити
biskit

масло
bọta

извара
achicha

сладкиш
achicha

яйце
akwa

яйца на очи
akwa eghere eghe

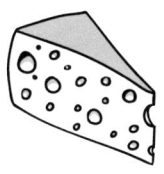
сирене
chiiz

сладолед
ihe nracha

захар
shuga

мед
mmanụ aṅụ

мармалад
jam

нуга крем
gbasaa shuga

къри
kọrị

селски двор
ugbo

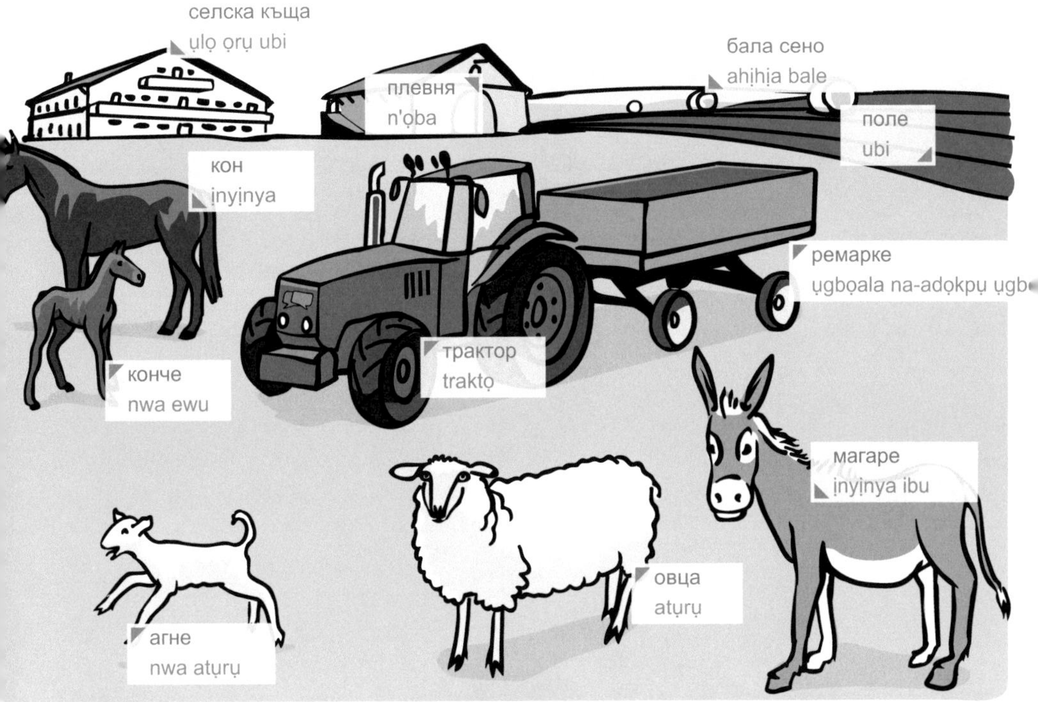

селска къща
ụlọ ọrụ ubi

плевня
n'ọba

бала сено
ahịhịa bale

поле
ubi

кон
ịnyịnya

ремарке
ụgbọala na-adọkpụ ụgbọ

конче
nwa ewu

трактор
traktọ

магаре
ịnyịnya ibu

агне
nwa atụrụ

овца
atụrụ

коза
mkpi

крава
ehi

теле
nwa ehi

свиня
ezi

прасенце
nwa ezi

бик
ehi

гъска

ọgazị

патица

odoguma

пиленце

nwa okuko

кокошка

nne okuko

петел

oke ọkpa

плъх

oke

котка

pusi

мишка

oke

вол

ehi

куче

nkịta

кучешка колиба

nkịta ụlọ

градински маркуч

paipu nhicha ogige

лейка

iko mgbara mmiri

коса

scythe

плуг

ikọ

селски двор - ugbo

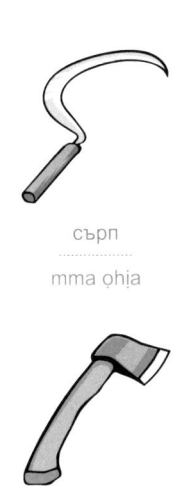

сърп
mma ohia

мотика
ogu

вила за тор
fok ahihia

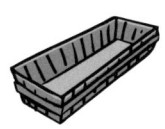

брадва
anyu-ike

ръчна количка
wiilbaro

корито
ubi

съд за мляко
komkom mmiri ara ehi

чувал
akpa

ограда
ngere

обор
uloanu

парник
ulo glaasi

земя
ala

сеитба
mkpuru

тор
fatilaiza

комбайн
njikota ihe ubi

селски двор - ugbo

жъна

owuwe ihe ubi

реколта

owuwe ihe ubi

ямс

ji

жито

ọka wit

соя

soya

картоф

nduku

царевица

ọka

рапица

mkpụrụ osisi

овощно дърво

osisi mkpụrụ osisi

маниока

akpu

зърнени храни

nri ọka

селски двор - ugbo

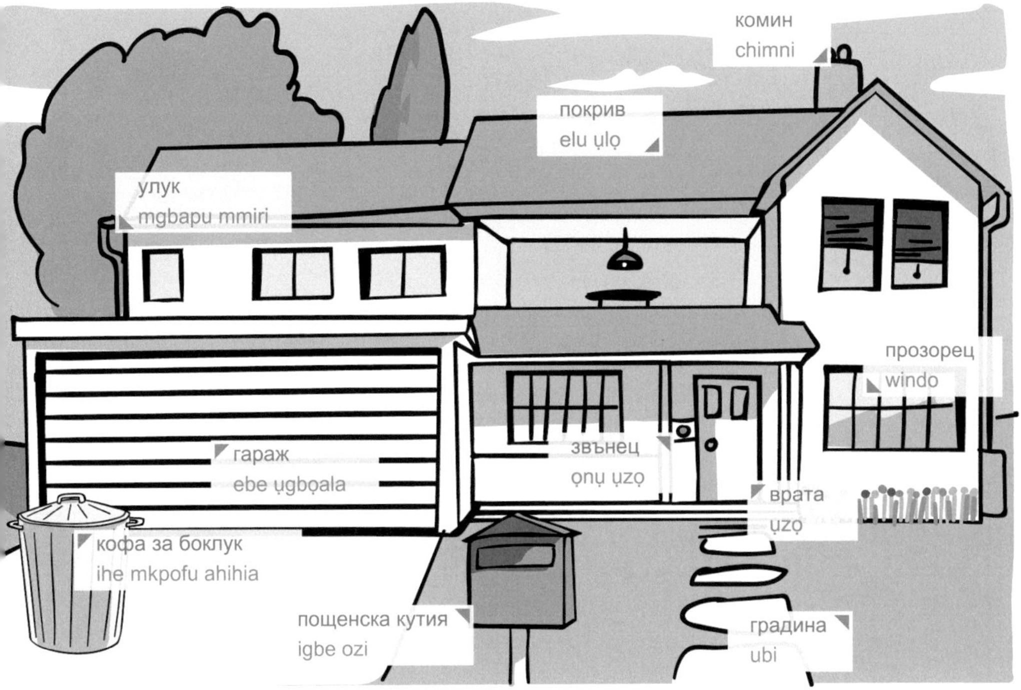

къща
ụlọ

комин
chimni

покрив
elu ụlọ

улук
mgbapu mmiri

прозорец
windo

гараж
ebe ụgbọala

звънец
ọnụ ụzọ

врата
ụzọ

кофа за боклук
ihe mkpofu ahihia

пощенска кутия
igbe ozi

градина
ubi

всекидневна
ime ụlọ ezumike

баня
ụlọ ịsa ahụ

кухня
usekwu

спалня
ime ụlọ

детска стая
ụlọ nwa

трапезария
ime ụlọ erimeri

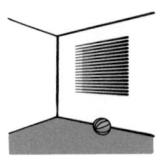

под

ala

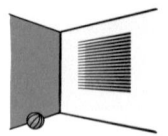

стена

mgbidi

таван

uko ụlọ

изба

okpuru ụlọ

сауна

sawụna

балкон

ihu mbara

тераса

mbara ihu ulo

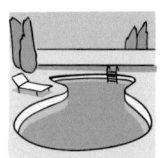

плувен басейн

ọdọ mmiri

косачка

igwe eji asụ ahịhịa

спално бельо

mpempe akwụkwọ

покривка за легло

ihe ndina akwa

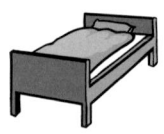

легло

akwa ndina

метла

aziza

кофа

bọket

електрически ключ

mgba ọkụ

всекидневна
ime ụlọ ezumike

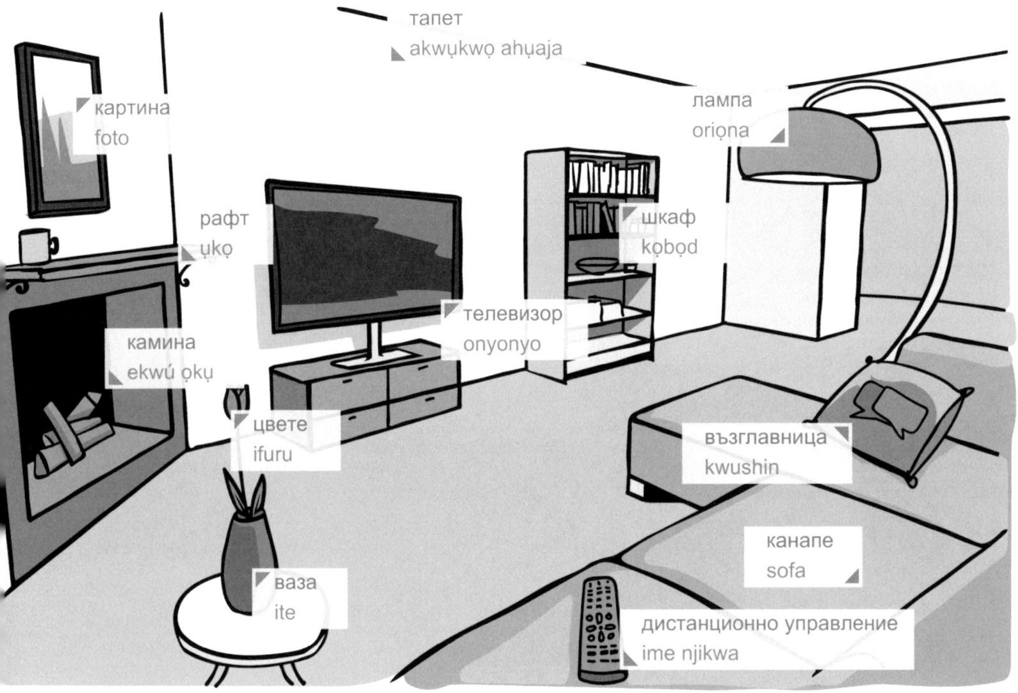

- картина / foto
- тапет / akwụkwọ ahụaja
- лампа / oriọna
- рафт / ukọ
- шкаф / kọbọd
- камина / ekwú ọkụ
- телевизор / onyonyo
- възглавница / kwushin
- цвете / ifuru
- ваза / ite
- канапе / sofa
- дистанционно управление / ime njikwa

килим / kapeeti

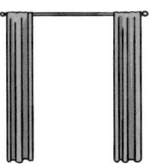

завеса / ákwà mgbochi

маса / tebụl

стол / oche

люлеещ се стол / mkpatụ oche

кресло / oche

книга
akwụkwọ

одеяло
akwa mkpuchi

декорация
ihe ochicho mma

дърва за отопление
nkụ

филм
ihe nkiri

стерео уредба
ngwa hi-fi

ключ
igodo

вестник
akwụkwọ akụkọ

живопис
eserese

постер
posta

радио
redio

бележник
akwụkwọ ozi

прахосмукачка
igwe nhicha ala

кактус
kaktus

свещ
kandụl

34 всекидневна - ime ụlọ ezumike

кухня
usekwu

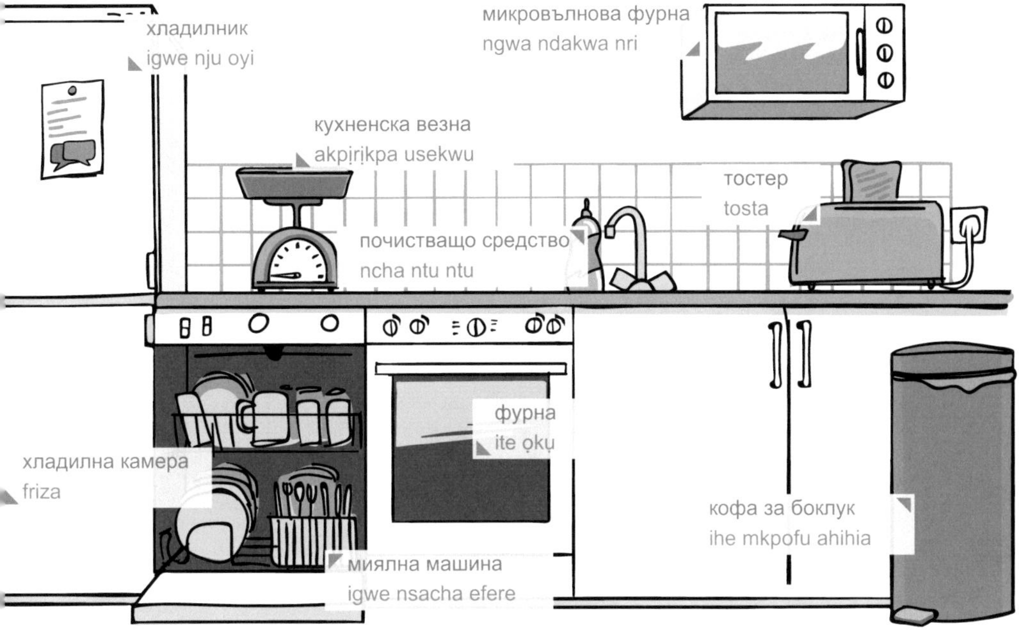

хладилник
igwe nju oyi

микровълнова фурна
ngwa ndakwa nri

кухненска везна
akpirikpa usekwu

почистващо средство
ncha ntu ntu

тостер
tosta

хладилна камера
friza

фурна
ite oku

кофа за боклук
ihe mkpofu ahihia

миялна машина
igwe nsacha efere

готварска печка

osi ite

тенджера

ite

желязна тенджера

ite-igwe

уок / кадаи

wok / kadai

тиган

ite mmanụ ọkụ

кана за затопляне на вода

ketulu

кухня - usekwu 35

уред за готвене на пара
uzoku

тава за печене
efere nri

съдове
ite mmiri

чаша
iko

купа
nnukwu efere

клечки за хранене
osisi

черпак
ngazi

лопатка за тиган
ngazi mmanụ ọkụ

тел за разбиване (на яйца, белтъци)
ntụgharị

кошница за варене
nje

гевгир
nyọ

ренде
nkwọ

хаван
ikwe

барбекю
anụ mmịkpọ

огнище
imeghe oku

кухня - usekwu

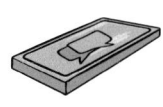

дъска

bọodụ ncha ihe

точилка

osisi mgbatị

тирбушон

ihe mmeghe mmanya

кутия

komkom

отварачка за консерви

ihe mmeghe komkom

кухненска ръкохватка

ite njide

мивка

efere nsacha

четка

ihe nsa eze

гъба

ogbo

миксер

nkwori

фризер

friza

бебешко шише

karama nwa

воден кран

mkpọpụ mmiri

кухня - usekwu

баня
ụlọ ịsa ahụ

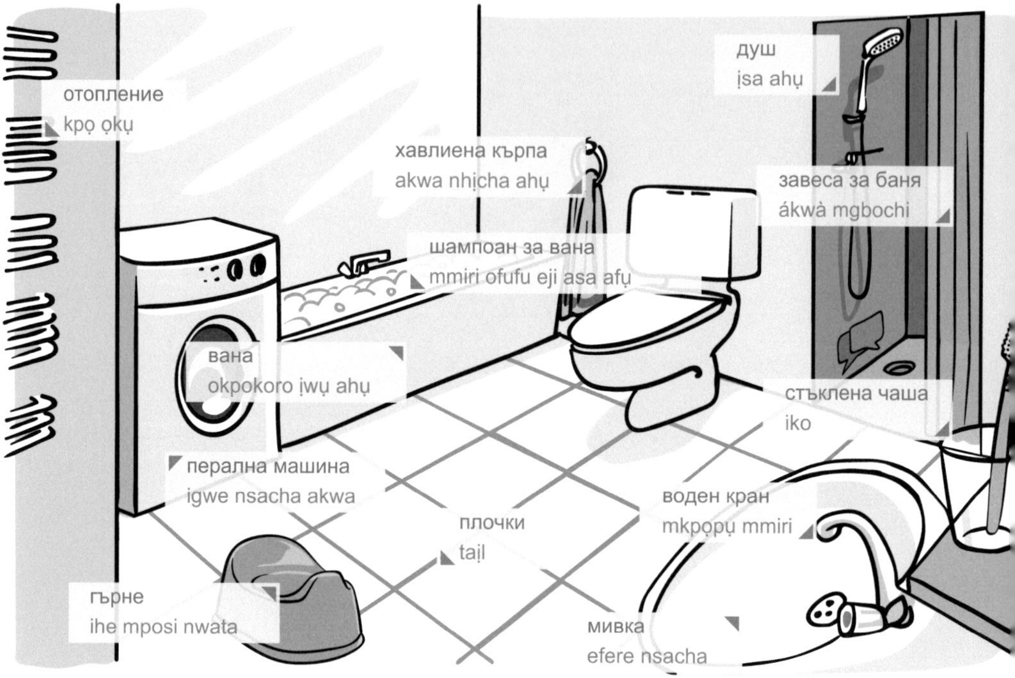

отопление
kpọ okụ

душ
ịsa ahụ

хавлиена кърпа
akwa nhịcha ahụ

завеса за баня
ákwà mgbochi

шампоан за вана
mmiri ofufu eji asa afụ

вана
okpokoro iwụ ahụ

стъклена чаша
iko

перална машина
igwe nsacha akwa

воден кран
mkpọrụ mmiri

плочки
taịl

гърне
ihe mposi nwata

мивка
efere nsacha

тоалетна
ụlọ mposi

клекало
mposi squat

биде
basin eji asa ebe nzuzo ahu

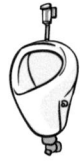

писоар
ebe inyu mmamịrị oha

тоалетна хартия
akwụkwọ mposi

четка за тоалетна
ahihia ụlọ mposi

четка за зъби

brọsh

паста за зъби

ihe nhicha eze

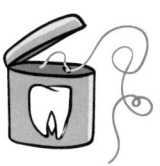

конец за зъби

nhicha eze

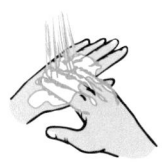

мия

saa

ръчен душ

ịsa aka

интимен душ

ịsa mmiri showa

леген

nnukwu efere nsacha

четка за гръб

agba ahịhịa eji ete penti

сапун

ncha

душ гел

ncha mmiri nsa ahụ

шампоан за вана

ncha ntutu

гъба за баня

uwe ajiajuru

сифон

mgbapu mmiri

крем

ude

дезодорант

senti

баня - ụlọ ịsa ahụ

огледало

enyo

козметично огледало

enyo aka

ръчна самобръсначка

rezo

пяна за бръснене

ụfụfụ ịkpụ afụ

одеколон за след бръснене

mgbe emechara aji

гребен

mbo

четка

ahịhịa

сешоар

okponku ntutu

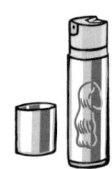

спрей за коса

Ihe mmiri ana agba na isi

грим

ntecha

червило

mmanụ ọnụ

лак за нокти

ntecha mbọ aka

памук

owu

ножица за нокти

mkpa mbọ aka

парфюм

senti

баня - ụlọ ịsa ahụ

тоалетна чантичка
akpa uwe

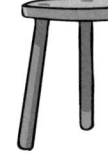
табуретка
oche

везна
erikpu

хавлия
akwa towelu

домакински ръкавици
gloovu roba

тампон
ihe mkpuchi obara ogbugbua

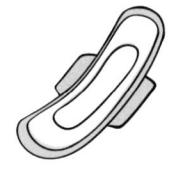
дамски превръзки
ihe mkpuchi nso nwanyi

химическа тоалетна
ụlọ mposi

баня - ụlọ ịsa ahụ

детска стая
ụlọ nwa

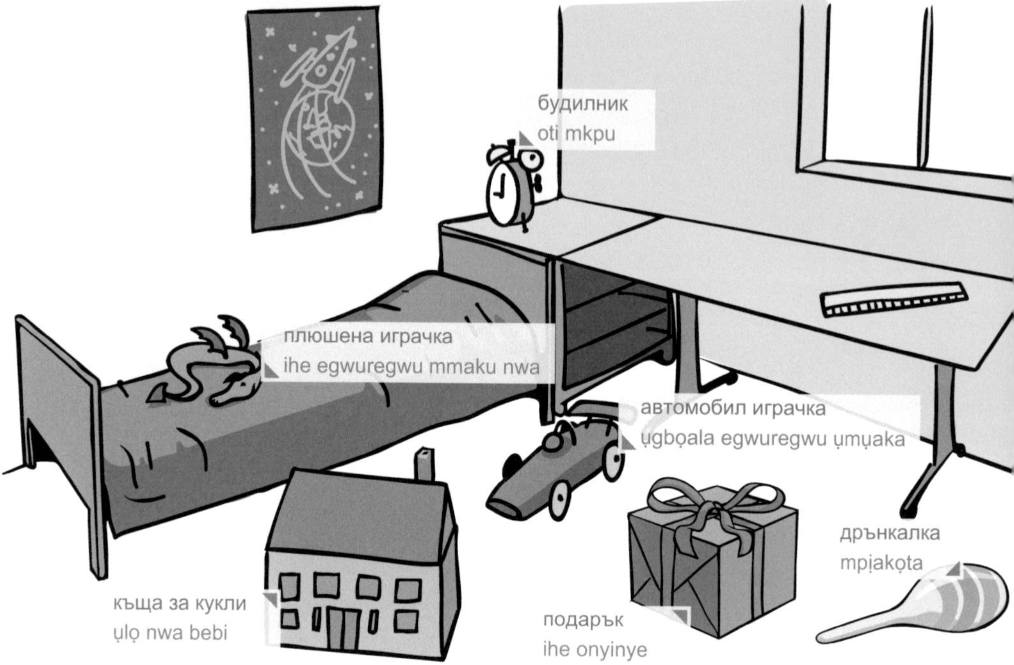

будилник
oti mkpu

плюшена играчка
ihe egwuregwu mmaku nwa

автомобил играчка
ụgbọala egwuregwu ụmụaka

къща за кукли
ụlọ nwa bebi

подарък
ihe onyinye

дрънкалка
mpiakọta

балон
balun

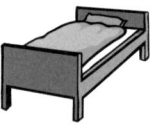

легло
akwa ndina

детска количка
ihe obu nwa

игра на карти
oche kaadị

пъзел
egwuregwu mgbagwoju anya

комикс
na-atọ ọchị

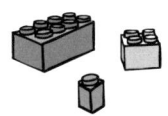

лего елементи

lego brik

строителни елементи

ihe owuwu ụlọ

екшън фигурка

ihe ngosi ọgụ

бебешки гащеризон

utonwa

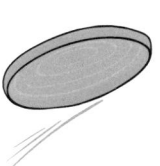

фрисби

ihe egwuregwu diski na efe efe

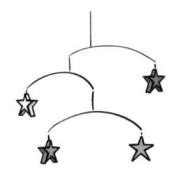

бебешки играчки за легло

mbughari

настолна игра

bọọdụ egwuregwu

зарче

dais

миниатюрно влакче

nlereanya ụgbọ okporo igwè

биберон

ihe oyiri mmadu eji egosi akwa

парти

otu

детска книга с илюстрации

akwụkwọ foto

топка

bọọlụ

кукла

nwa bebi

играя

kpọọ

детска стая - ụlọ nwa

пясъчник

olulu aja

люлка

janglova

играчка

ihe egwuregwu gasi

игрова конзола

ihe egwuregwu vidiyo

велосипед с три колелета

ogbatumtum

плюшено мече

ihe egwuregwu ụmụaka

гардероб

wodrobu

облекло
uwe

къси чорапи

sọks

дълги чорапи

sọks

чорапогащник

uwe ime ahu

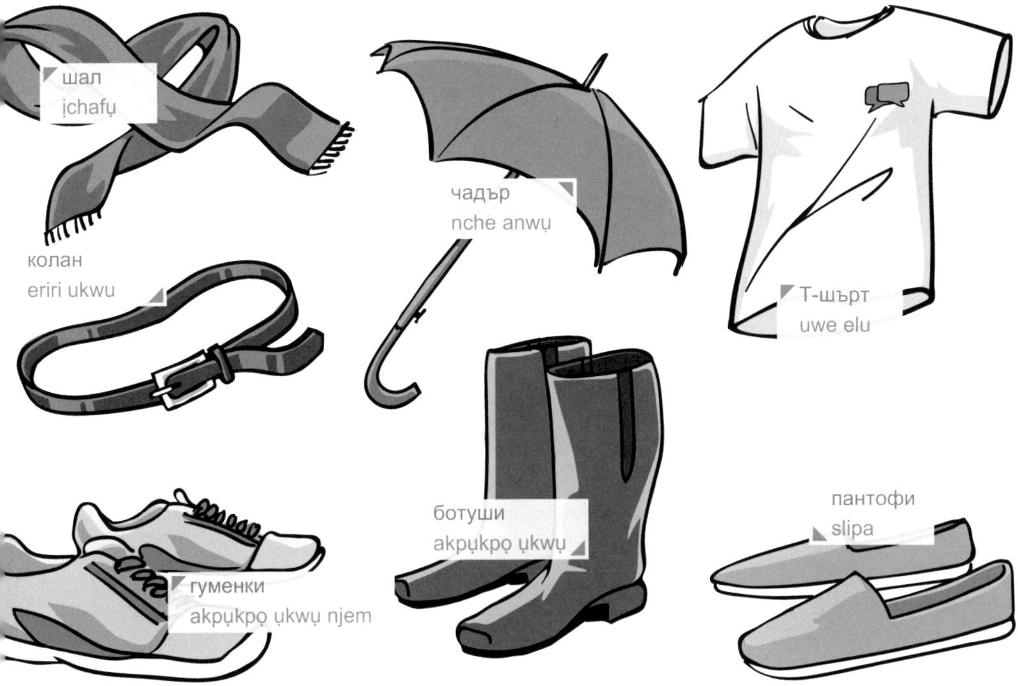

шал
ichafụ

колан
eriri ukwu

чадър
nche anwụ

Т-шърт
uwe elu

ботуши
akpụkpọ ụkwụ

пантофи
slipa

гуменки
akpụkpọ ụkwụ njem

сандали
akpụkpọ ụkwụ

обувки
akpụkpọ ụkwụ

гумени ботуши
akpụkpọ ụkwụ roba

слип
uwe ime ahu

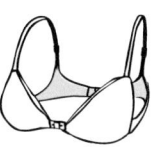

сутиен
efe ara

долна блуза
uwe na enweghi aka

боди — ahụ

панталон — trauza

дънки — trauza siri ike

пола — sket

блуза — uwe elu nwanyị

риза — uwe elu

пуловер — akwa njuoyi eji isi eyi

суичър — uwe njuoyi

блейзър — jakeeti

яке — jakeeti

палто — ochu oyi uwe elu

дъждобран — akwa mmiri

костюм — ekike

рокля — uwe ogologo

булчинска рокля — uwe agbamakwụkwọ

костюм
uwe suutu

нощница
uwe abali

пижама
pajamas

сари
uwe umunwanyi Indian

кърпа за глава
mkpuchi isi

тюрбан
okpu

бурка
akwa mkpuchi ihu

кафтан
uwe ogologo nwanyi

абая
abaya

бански костюм
akwa mmiri

плувни шорти
uwe eji egwu mmiri

къс панталон
niika

анцуг
uwe mmega ahụ

престилка
uwe nchekwa

ръкавици
uwe aka

копче
boṭinụ

очила
ugegbe anya

гривна
mgbaaka

верижка
eriri olu

пръстен
mgbanaka

обеца
ola nti

каскет
okpu

закачалка
ihe nkowe uwe elu

шапка
okpu

вратовръзка
tai

цип
nzichi

каска
okpu agha

тиранти
ihe njide eze

ученическа униформа
uwe ụlọ akwụkwọ

униформа
mbonotu

48　　облекло - uwe

лигавник

ọghọ nri nwa

биберон

ihe oyiri mmadu eji egosi akwa

пелена

akwa nwanye nwa

офис
ụlọ ọrụ

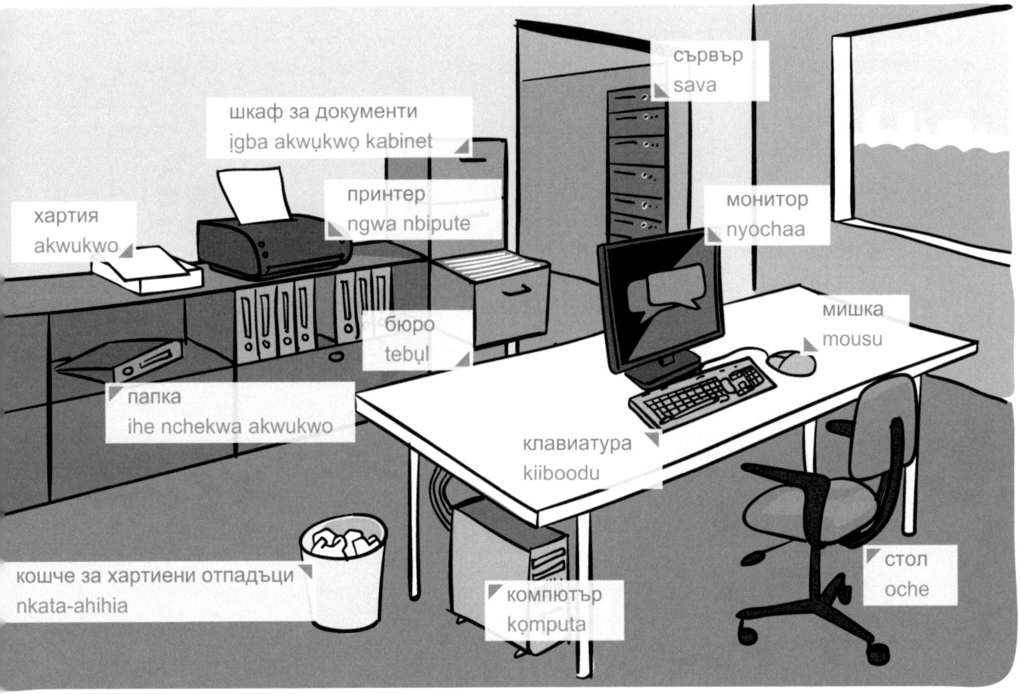

сървър
sava

шкаф за документи
ịgba akwụkwọ kabinet

принтер
ngwa nbipute

монитор
nyochaa

хартия
akwukwo

бюро
tebụl

мишка
mousu

папка
ihe nchekwa akwukwo

клавиатура
kiiboodu

кошче за хартиени отпадъци
nkata-ahihia

компютър
komputa

стол
oche

чаша за кафе

iko kọfị

джобен калкулатор

igwe mgbakọ

интернет

ịntaneti

офис - ụlọ ọrụ 49

лаптоп
laptọọpụ

писмо
leta

съобщение
ozi

мобилен телефон
mkpanaka

мрежа
netwọk

ксерокс
ihe mbiputa

софтуер
ngwanrọ

телефон
ekwentị

контакт
ebe nkwụnye

факс
igwe fax

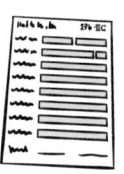
формуляр
ụdị

документ
akwụkwọ

офис - ụlọ ọrụ

икономика
akụnụba

купувам
zụta

плащам
kwuo ugwo

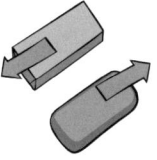
търгувам
ahia

пари
ego

долар
ego ndi Amerika

евро
ego ndi Eruopu

йена
ego ndi japanizi

рубла
ego ndi Rusian

швейцарски франк
Switzerland franc

ренминби юан
renminbi yuan

рупия
ego ndi Indian

банкомат
ebe akwụmụgwọ

обменно бюро
ebe mgbanwe ego

злато
ọla edo

сребро
ọlaọcha

нефт
mmanụ

енергия
ume

цена
ọnụahịa

договор
nkwekọrịta

данък
ụtụ

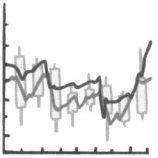
акция
ngwaahịa

работя
ọrụ

служител
onye ọrụ

работодател
onye were gị n'ọrụ

фабрика
ụlọ ọrụ mmeputa ngwahia

магазин за цветя
ụlọ ahịa

икономика - akụnụba

професии
aka ọrụ

полицай — onye uwe ojii

пожарникар — onye mmenyu oku

готвач — esi nri

лекар — dibia bekee

пилот — ọkwọ ụgbọelu

градинар
onye na-elekọta ubi

мебелист
ọkwa nkà

шивачка
akwa nwanyị

съдия
ọka ikpe

химик
kemist

артист
onye ome ihe nkiri

шофьор на автобус
ọkwọ ụgbọ ala

шофьор на такси
ọkwọ ụgbọ ala

рибар
onye ọkụ azụ

чистачка
nwanyị nhicha

майстор на покриви
roofer

келнер
onye na-ebu nri

ловец
dinta

художник
onye na-ese ihe

хлебар
onye osi ite

електротехник
onye ndozi ọkụ eletrik

строителен работник
onye na-ewu ụlọ

инженер
njinia

касапин
onye na-egbu anụ

тенекеджия
plọmba

пощальон
onye ozi

професии - aka ọrụ

войник

onye agha

архитект

onye na-ese ụkpụrụ ụlọ

касиер

onye okwu ugwo

цветар

ore fulawa

фризьор

onye na-edozi ntutu isi

кондуктор

kondokto

механик

onye n'arụzi ụgbọala

капитан

onyeisi

зъболекар

dibia bekee eze

научен работник

ọkà mmụta sayensị

равин

rabai

имàм

imam

монах

mọnk

свещеник

ụkọchukwu

професии - aka ọrụ

55

инструменти
ngwaọrụ

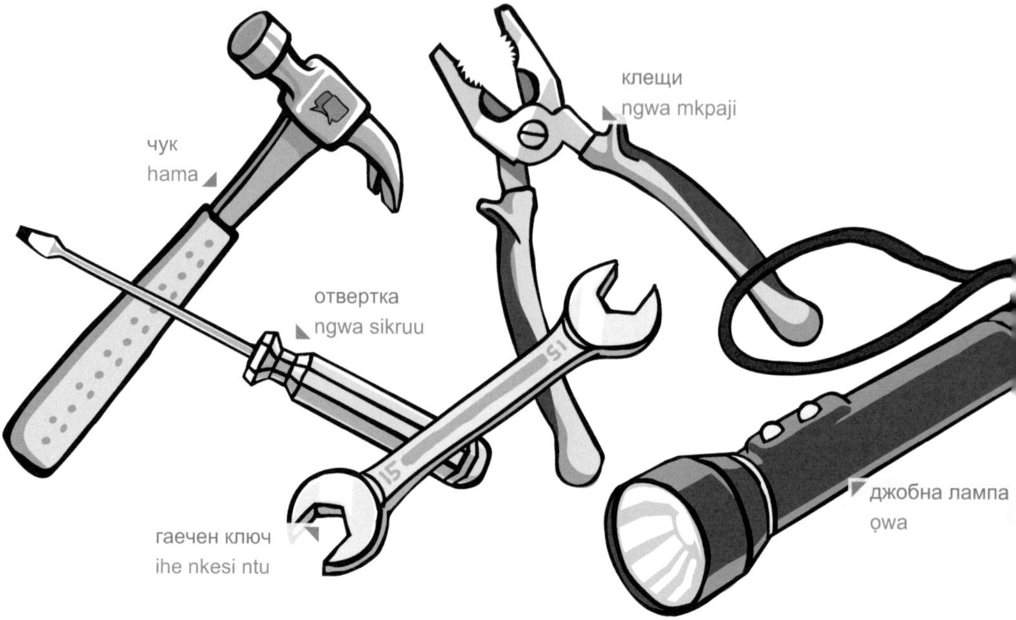

чук
hama

клещи
ngwa mkpaji

отвертка
ngwa sikruu

гаечен ключ
ihe nkesi ntu

джобна лампа
ọwa

багер

igwu ala

кутия за инструменти

igbe ngwaọrụ

стълба

ubube

трион

nkwọ

пирони

mbọ

бормашина

igwe mkpọrụ

ремонтирам
mezie

лопата
ihe eji egwu ala

По дяволите!
Ụchụ!

лопатка за смет
efere ájá

кутия за боя
ite agba

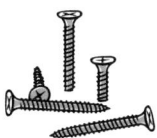
болтове
ntu

музикални инструменти
ngwa egwu

ударни инструменти
ihe eji eme ihe

високоговорител
nkwuputa ụda

китара
jita

контрабас
okpukpu abụọ

тромпет
opi

пиано
kiiboodu

виолина
violin

контрабас
bass

тимпан
timpani

барабан
igba

електрическо пиано
kiiboodu

саксофон
sasofone

флейта
ojà

микрофон
igwe okwu

музикални инструменти - ngwa egwu

зоологическа градина
zuu

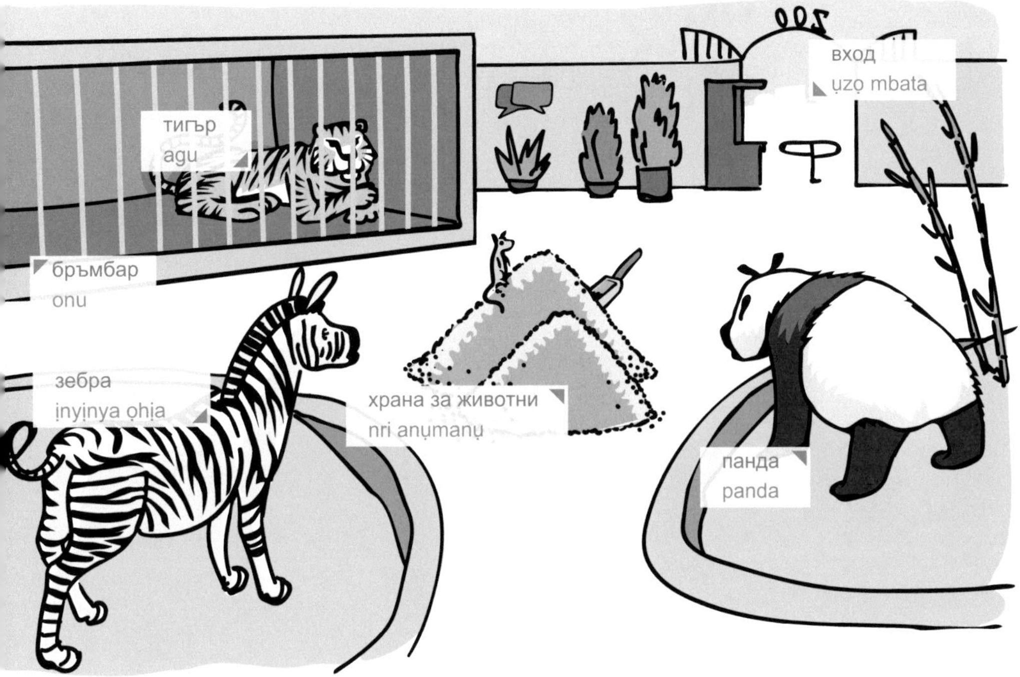

тигър
agu

вход
ụzọ mbata

бръмбар
onu

зебра
ịnyịnya ọhịa

храна за животни
nri anụmanụ

панда
panda

животни
anụmanụ

слон
enyi

кенгуру
kangaruu

носорог
rhino

горила
ozodimgba

мечка
anụ ọhịa

камила
kamel

щраус
enyí nnụnụ

лъв
ọdụm

маймуна
enwe

фламинго
flamingo

папагал
icheku

бяла мечка
anụ ọhịa

пингвин
nnunu mmiri

акула
akụm

паун
ekwuru ụlọ

змия
agwo

крокодил
agụ iyi

пазач в зоологическа
градина
onye na-elekọta zuu

тюлен
mechie

ягуар
agu

пони	леопард	хипопотам
inyinya	agụ owuru	anụ ọhịa

жираф	орел	диво прасе
girraaf	ugo	ezi ọhịa

риба	костенурка	морж
azụ	mbe	anụ mmiri

лисица	газела
nkịta ọhịa	mgbada

спорт
egwuregwu

дейности
ihe omume

скачам / malie elu	смея се / chia ochi	вървя / jee ije
прегръщам / mmakụ	пея / buo	сънувам / nrọ
моля се / kpee ekpere	целувам / isusu ọnụ	
пиша / dee	рисувам / see	показвам / gosi
бутам / kwaa	давам / nye	взимам / nara

имам
nwee

правя
mee

съм
ịbụ

стоя
guzoro

тичам
gbaa ọsọ

дърпам
dọọ

хвърлям
tufuo

падам
daa

лежа
ụgha

чакам
chere

нося
buru

седя
nọdụ ala

обличам
yi uwe

спя
hie ụra

събуждам се
kulie

дейности - ihe omume

разглеждам

lee anya

плача

tie mkpu

милвам

ọrịa strok

реша се

mbo

говоря

kwuo

разбирам

ighọta

питам

jụọ

слушам

gee ntị

пия

ihe ọnụnụ

ям

rie

разтребвам

dozie

обичам

ịhụnanya

готвя

isi nri

карам автомобил

kwọọ

летя

ofufe

дейности - ihe omume

плавам (с платна)

ụgbọ

смятане

gbakọọ

чета

gụọ

уча

na-amụta

работя

ọrụ

женя се

lụọ

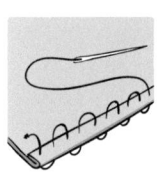

шия

idu

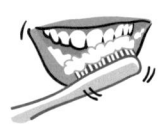

измивам си зъбите

ahịhịa ezé

убивам

gbue

пуша

anwụrụ ọkụ

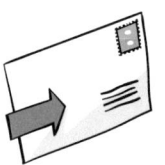

изпращам

zipu

дейности - ihe omume

семейство
ezinụlọ

баба — nne nne
дядо — nna nna
баща — nna
майка — nne
бебе — nwa
дъщеря — nwa nwanyị
син — nwa nwoke

посетител
ọbịa

леля
nwanne nne/nna

чичо
nwanne nna/nne

брат
nwanne

сестра
nwanne

тяло
ahụ

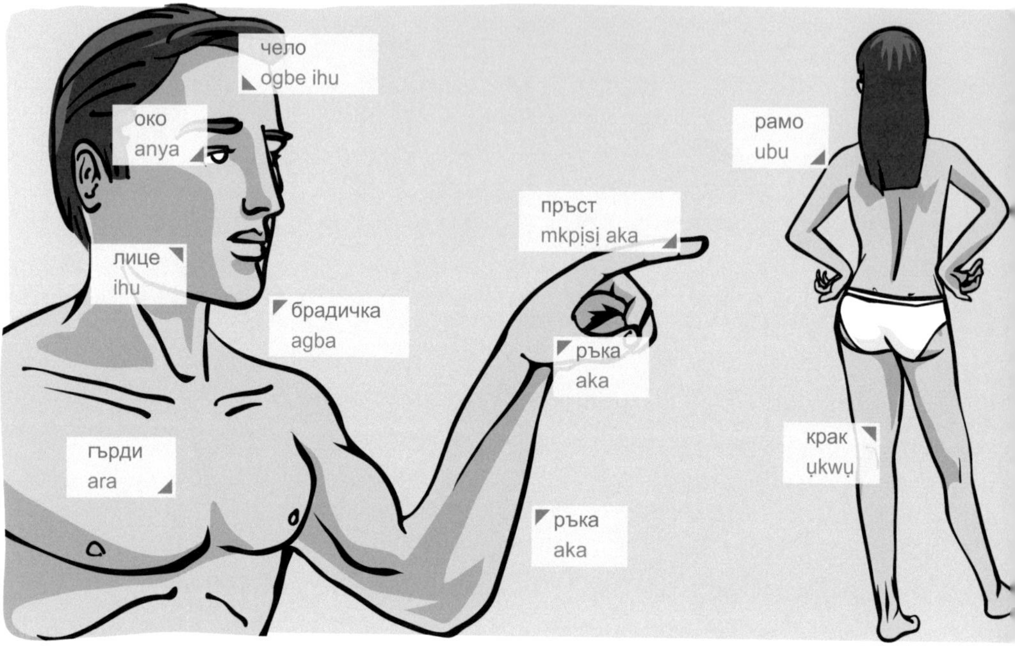

- чело — ogbe ihu
- око — anya
- лице — ihu
- брадичка — agba
- гърди — ara
- пръст — mkpịsị aka
- ръка — aka
- ръка — aka
- рамо — ubu
- крак — ụkwụ

бебе
nwa

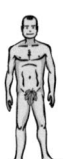

мъж
nwoke

жена
nwanyị

момиче
nwa nwanyị

момче
nwa nwoke

глава
ịsị

гръб
azu

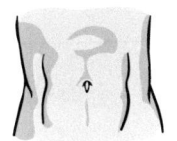
корем
afọ

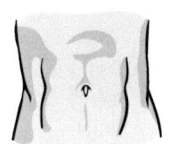
пъп
otubo

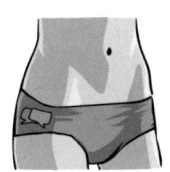
пръст на крака
mkpisi ukwu

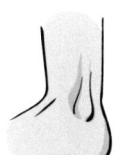
пета
ikiri ụkwụ

кост
ọkpụkpụ

хълбок
ukwu

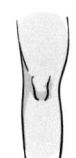
коляно
ikpere

лакът
ikpere aka

нос
imi

седалище
ike

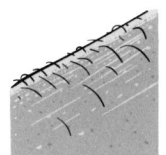
кожа
akpụ kpọ ahụ

буза
nti

ухо
nti

устна
egbugbere ọnụ

тяло - ahụ

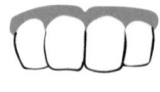

уста	зъб	език
ọnụ	eze	ire

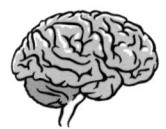
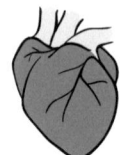

мозък	сърце	мускул
ụbụrụ	mkpụrụ obi	akwara

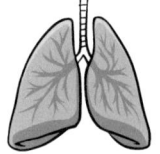

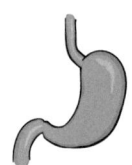

бял дроб	черен дроб	стомах
akpa ume	umeji	afọ

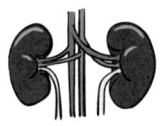

бъбреци	полово сношение	кондом
akụrụ	mmekọahụ	kondom

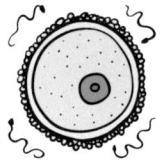

яйцеклетка	сперма	бременност
akwa nwanyị	ọbara ọcha	afọ ime

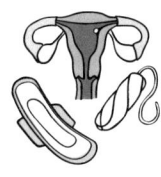

менструация

nsọ nwanyị

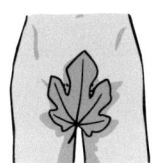

вагина

ọtụ

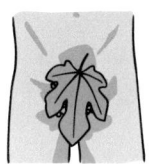

пенис

amụ

вежда

nku anya

коса

ntutu

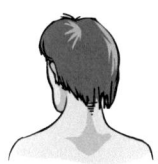

шия

olu

тяло - ahụ

болница
ụlọ ọgwụ

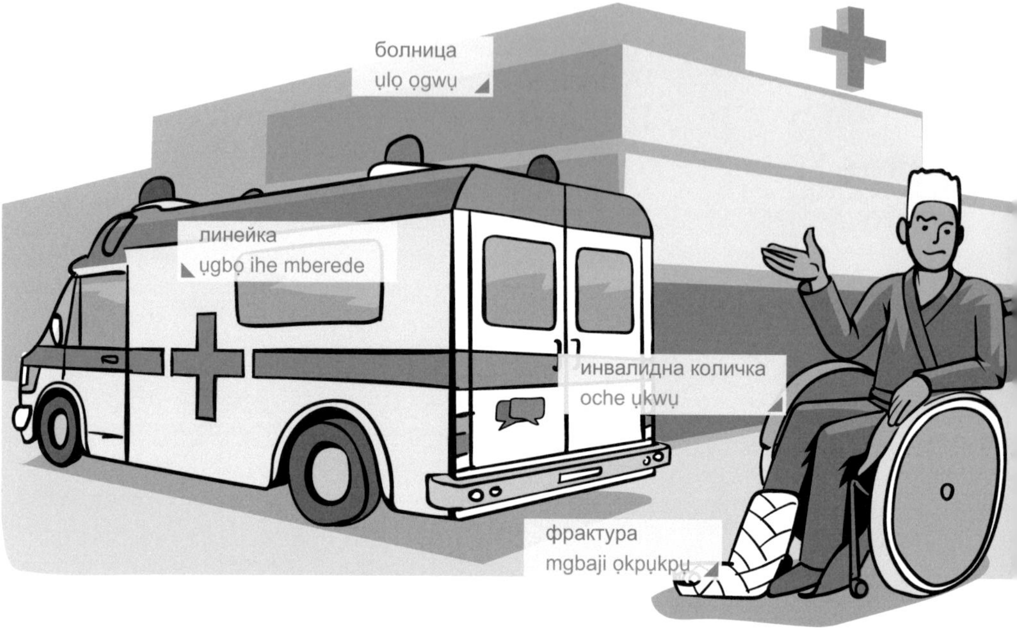

болница / ụlọ ọgwụ

линейка / ụgbọ ihe mberede

инвалидна количка / oche ụkwụ

фрактура / mgbaji ọkpụkpụ

лекар

dibia bekee

спешна хоспитализация

ụlọ mberede

медицинска сестра

nọọsụ

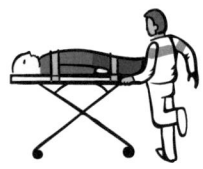

спешен случай

mberede

в безсъзнание

amaghị ihe ọ bụla

болка

ụfụ

нараняване
mmerụ ahụ

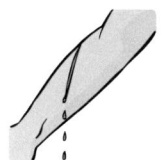
кървене
agba ọbara

инфаркт
obi nkolopu

инсулт
ọria strok

алергия
nke ahu anataghi

кашлица
ụkwara

температура
ahụ ọkụ

грип
ọria flu

диария
afọ ọsịsa

главоболие
isi ọwụwa

рак
kansa

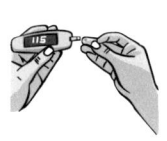
диабет
ọria shuga

хирург
dọkịta na-awa ahu

скалпел
mma eji awa ahụ

операция
ịwa ahụ

компютърна томография
CT

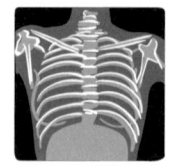
рентген
x-ree

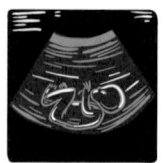
ултразвук
nyocha ime ahu

маска
nkpuchi ihu

болест
ọrịa

чакалня
ebe nchekwa

патерица
mkpara

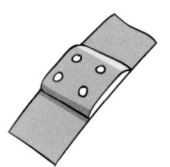
пластир
nnyachi

превръзка
bandeeji

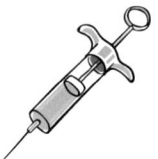
инжекция
ọgwụ ọgbụgba

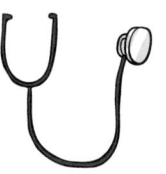
стетоскоп
stetoskop

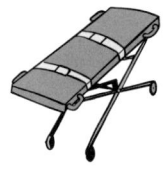
носилка
Igwe eji ibu mmadu

термометър
temometa ụlọgwụ

раждане
omumu

наднормено тегло
ibufe oke ibu

болница - ụlọ ọgwụ

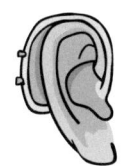

слухов апарат

enyemaka ịnụ ihe

дезинфекционно средство

mmiri ọgwụ nje

инфекция

ọria nje

вирус

nje

HIV / AIDS

Ọria HIV/AIDS

медицина

ọgwụ

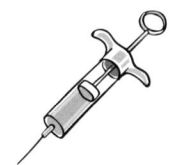

ваксинация

ịgba ọgwụ mgbochi ọria

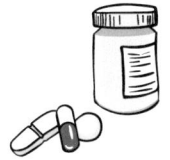

таблети

mkpụrụ ọgwụ

противозачатъчна таблетка

mkpụrụ ọgwụ

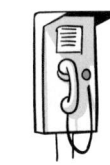

спешно телефонно обаждане

oku mberede

апарат за измерване на кръвното налягане

nyochaa ọbara mgbali

болен / здрав

na-aria ọria / ahụike

болница - ụlọ ọgwụ

спешен случай
mberede

Помощ!
Nyerem aka!

сигнал за тревога
oti mkpu

нападение
wakpo

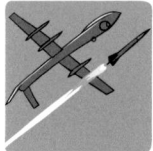

атака
ogu

опасност
ihe egwu

авариен изход
ụzọ ọpụpụ mberede

Пожар!
Ọkụ!

пожарогасител
mmenyu ọkụ

злополука
oghọm

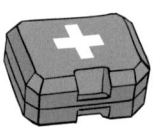

комплект за оказване на първа помощ
akpa enyemaka mbụ

SOS
SOS

полиция
ndị uwe ojii

Земя
Ụwa

Европа

Europe

Северна Америка

North Amerika

Южна Америка

South Amerika

Африка

Africa

Азия

Eshia

Австралия

Ọstrelia

Атлантически океан

Atlantic

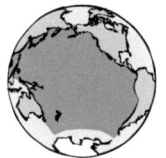

Тихи океан

Pasifik

Индийски океан

Oke Osimiri Indian

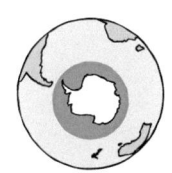

Южен ледовит океан

Oke Osimiri Antarctic

Северен ледовит океан

Oke Osimiri Arctic

Северен полюс

Ebe Ugwu

Южен полюс
Ebe Ọdịda anyanwu

Антарктида
Antarctica

Земя
Ụwa

суша
ala

море
oké osimiri

остров
agwaetiti

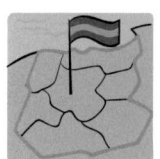
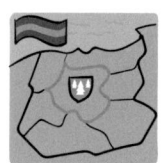

нация
mba

държава
steeti

часовник
elekere

циферблат
ihu elekere

стрелка на часовете
aka awa

стрелка на минутите
aka nkeji

стрелка на секундите
ihe ejigoro

Колко е часът?
Kedu ihe na-akụ?

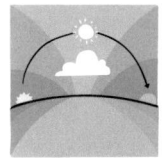

ден
ụbọchị

време
oge

сега
ugbu a

дигитален часовник
elekere dijitalụ

минута
nkeji

час
awa

седмица
izu

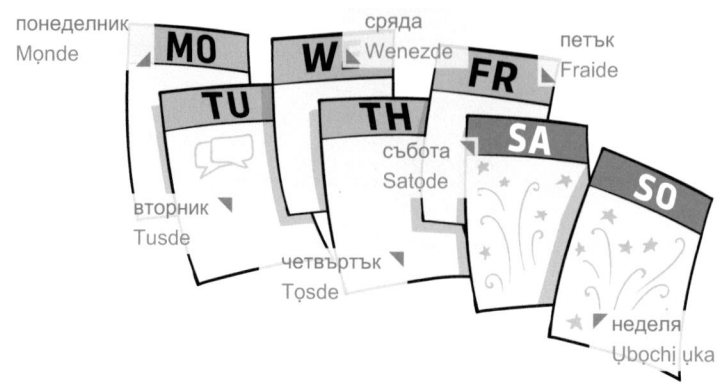

понеделник
Monde

сряда
Wenezde

петък
Fraide

вторник
Tusde

четвъртък
Tosde

събота
Satode

неделя
Ubochi uka

вчера

unyaahu

днес

taa

утре

echi

сутрин

ututu

обед

ehihie

вечер

mgbede

работни дни

ubochi azumahia

уикенд

izu uka

година
afọ

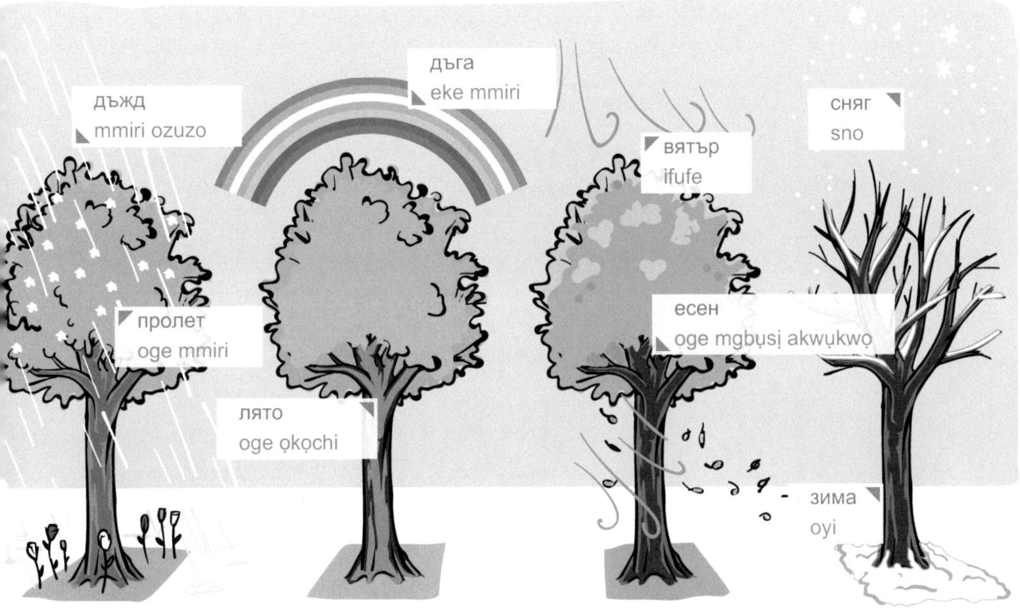

дъжд
mmiri ozuzo

дъга
eke mmiri

вятър
ifufe

сняг
sno

пролет
oge mmiri

лято
oge ọkọchi

есен
oge mgbụsị akwụkwọ

зима
oyi

прогноза за времето

amụma ihu igwe

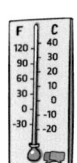

термометър

temometa

слънчева светлина

anwụ

облак

igwe ojii

мъгла

foogu

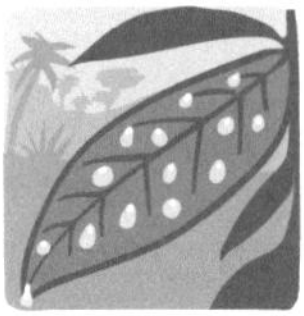

влажност на въздуха

iru mmiri

светкавица

àmụmà

гръмотевица

égbè eluigwe

буря

oké mmiri ozuzo

градушка

aki mmiri

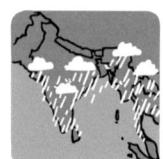

мусон

udu mmiri

наводнение

ide mmiri

лед

aiz

януари

Jenụwarị

февруари

Febụwarị

март

Machị

април

Eprel

май

Mee

юни

June

юли

Julaị

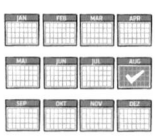

август

Ọgọst

година - afọ

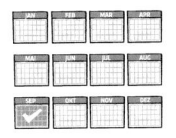
септември

Septemba

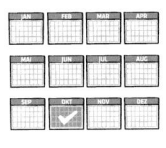
октомври

Oktoba

ноември

Novemba

декември

Disemba

форми
ụdị

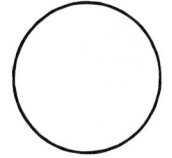
кръг

okirikiri

квадрат

akuku anọ

четириъгълник

rektangulu

триъгълник

akuku atọ

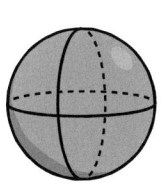
сфера

okirikiri

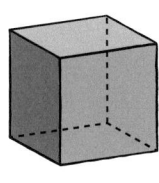
куб

igbe

форми - ụdị

цветове
na agba

бял
acha ọcha

жълт
acha edo edo

оранжев
acha oroma

розов
acha pink

червен
acha uhie uhie

лилав
acha odo odo

син
acha anụnụ anụnụ

зелен
acha akwụkwọ ndụ

кафяв
acha aja aja

сив
acha isi awọ

черен
eji oji

противоположности
mmegide

много / малко

otutu / ntakịrị

ядосан / спокоен

iwe / juu

красив / грозен

mara mma / jọrọ njọ

начало / край

mbido / njedebe

голям / малък

nnukwu / obere

светъл / тъмен

na-enwu / ọchịchịrị

брат / сестра

nwanne nwoke / nwanne nwanyị

чист / мръсен

dị ọcha / unyi

пълен / непълен

mezue / ezughi ezu

ден / нощ

ụbọchị / abalị

мъртъв / жив

nwụrụ anwụ / dị ndụ

широк / тесен

obosara / warara

ядлив / неядлив
oriri / erighi

сърдит / любезен
ojoo / obioma

развълнуван / скучаещ
obi uto / nkiti gwuru

 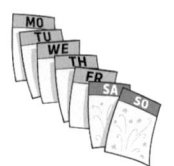 

дебел / тънък
abuba / mkpa

най-напред / най-накрая
mbu / ikpeazu

приятел / враг
enyi / iro

пълен / празен
juru eju / efu

твърд / мек
ike / adu

тежък / лек
aro / mfe

глад / жажда
aguu / akpiri ikpo nku

болен / здрав
na-aria oria / ahuike

нелегален / легален
n'uzo na ezighi ezi / iwu

интелигентен / глупав
onye nwere ogugu isi / onye nzuzu

ляво / дясно
aka ekpe / aka nri

близо / далече
di nso / tere anya

нов / употребяван

ọhụrụ / jiri

нищо / нещо

enweghi ihe / enwere ihe

стар / млад

agadi / nwata

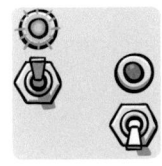

вкл. / изкл.

gbanye / gbanyuọ

отворен / затворен

mepe / mechie

тих / силен (звук)

jụụ / dara ụda

богат / беден

ọgaranya / ogbenye

правилен / погрешен

ziei ezi / ezighi ezi

грапав / гладък

siri ike / larịị

тъжен / щастлив

mwute / obi ụtọ

дълъг / къс

mkpụmkpụ / ogologo

бавен / бърз

nwayọọ / ngwa ngwa

мокър / сух

dị mmiri / kpọrọ nkụ

топъл / студен

na-ekpo ọkụ / dị jụụ

война / мир

agha / udo

противоположности - mmegide

числа
nọmba

0 нула / efu

1 едно / otu

2 две / abụọ

3 три / atọ

4 четири / anọ

5 пет / ise

6 шест / isii

7 седем / asaa

8 осем / asatọ

9 девет / itolu

10 десет / iri

11 единадесет / iri na otu

12
дванадесет
iri na abụọ

13
тринадесет
iri na atọ

14
четиринадесет
iri na anọ

15
петнадесет
iri na ise

16
шестнадесет
iri na isii

17
седемнадесет
iri na asaa

18
осемнадесет
iri na asatọ

19
деветнадесет
iri na itoolu

20
двадесет
iri abụọ

100
сто
narị

1.000
хиляда
puku

1.000.000
милион
nde

числа - nọmba

езици
asụsụ

английски

Bekee

американски английски

Asụsụ Bekee

китайски мандарин

Asụsụ ndị China

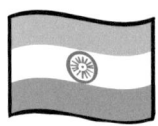

хинди

Asụsụ ndị Hindi

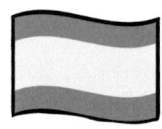

испански

Asụsụ ndị Spain

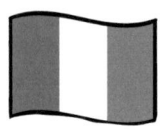

френски

Asụsụ ndị France

арабски

Asụsụ ndị Arab

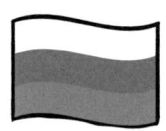

руски

Asụsụ ndị Russia

португалски

Asụsụ ndị Portugal

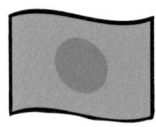

бенгалски

Asụsụ ndị Bengal

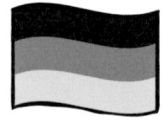

немски

Asụsụ ndị German

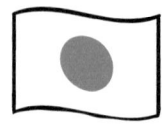

японски

Asụsụ ndị Japan

кой / какво / как
onye / ihe / olee

аз
M

ти
gị

той / тя / то
ya / ya / ya

ние
anyị

вие
gị

те
ha

кой?
onye?

какво?
gịnị?

как?
kedu?

къде?
ebe?

кога?
mgbe ole?

име
aha

къде
ebee

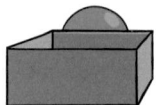

зад

n'azụ

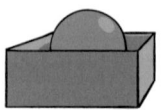

в

n'ime

пред

n'ihu

над

gafee

върху

na

под

n'okpuru

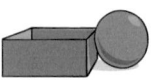

до

n'akụkụ

между

n'etiti

място

ebe